Escarabajos

Trace Taylor y Lucía M. Sánchez

Escarabajo de la asclepia

Esto es un escarabajo.
Es rojo con manchas negras.

Mariquita o catarina

Este es amarillo con manchas negras.

Escarabajo tigre

Este es verde con manchas grises. Muchos escarabajos tienen manchas.

3

Ciervo volante

Todos los escarabajos tienen seis patas.

Escarabajo legionario

alas

Muchos escarabajos tienen cuatro alas.

Escarabajo longuicornio

ojo

Todos tienen dos ojos.

5

Huevos de escarabajo

Los escarabajos salen de un huevo.

Larva de escarabajo de la patata

Este escarabajo acaba de nacer.

Escarabajo de la patata

Este escarabajo es adulto.

Escarabajo abeja

Algunos escarabajos comen flores.

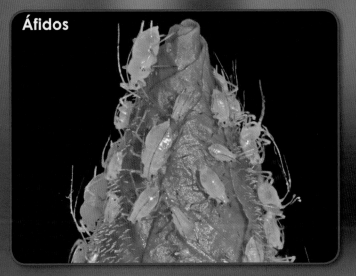

Áfidos

Escarabajo tigre de las dunas

Otros escarabajos comen pequeños bichos verdes.

Algunos se comen a otros escarabajos.

9

Azulejo de Norteamérica

Mosca predadora y mariquita

Los pájaros comen escarabajos.

Las moscas también los comen.

Lagarto gecko

Los lagartos comen escarabajos también.

Araña de seda dorada

Y lo mismo hacen las arañas.

Estrategias para resolver palabras

Stop	**Para** si algo no parece bien, no suena bien o no tiene sentido.
	Mira la **ilustración.**
pa____	Di el sonido de la **primera letra o sílaba.**
an	**Cubre** parte de la palabra.
←	**Vuelve atrás** e intenta otra vez.

Palabras frecuentes

acaba	grises	seis
algunos	mismo	también
amarillo	negras	tienen
cuatro	otros	verde
esto	rojo	

Printed with *100% New Wind Energy* and low VOC vegetable based inks

1-61541-422-3
978-1-61541-422-2

9 781615 414222